AF243016

OR
299

# EXAMEN

DE LA BROCHURE INTITULÉE :

## UN MOT

## SUR LA CRISE DU PORTUGAL.

PARIS,

A. PIHAN DELAFOREST,

IMPRIMEUR DE M. LE DAUPHIN ET DE LA COUR DE CASSATION,

rue des Noyers, n° 37.

1827.

*On trouve aussi à la même adresse :*

Le Fanatisme Anti-Catholique.
La Politique Royaliste à l'égard de la Péninsule.

En France, on ne voit que l'homme, jamais la chose : on se passionne et on ne raisonne pas ; les cerveaux ont le cochemar : l'imagination s'irrite dans ses rêves, s'acharne contre des fantômes, s'épuise en vains efforts. Ainsi un certain chevalier de Malte exerçait son coursier et ses chiens, animait son grand cœur et rompait incessamment des lances contre la représentation en bois peint d'un monstre épouvantable, dont la terreur se répandait au loin. La victoire est certaine, et le triomphe l'attend : mais où donc est le monstre ? il ne manque plus que lui. Vaines recherches, peines inutiles ! le monstre n'existait pas, quoiqu'en dise le *Vertot* de ces temps.

Or, en l'an de grace 1827, les monstres en bois peint sont les Jésuites (1), les Anglais.

---

(1) *Le Fanatisme anti-catholique*, pages 15 et 49.

Haine aux Jésuites ! la chasse aux Jésuites ! c'est un houra trop général. Mais il faut détourner le gibier, avant de lancer la meute. Il faut trouver des Jésuites : voilà le grand embarras.

Et le renvoi ne préjuge rien à l'égard de leur existence : le renvoi n'a eu lieu que pour éviter les conséquences de l'ordre du jour pur et simple ; le renvoi n'est, à proprement parler, qu'un ordre du jour motivé, de manière à ne prononcer ni pour ni contre.

Or, qu'est-ce que ces prêtres qui, d'après le rapport fait à la Chambre des Pairs, se soumettent à l'ordinaire, quittent leurs maisons à volonté, ne se distinguent point par un costume, ne demandent point le droit de bourgeoisie ? Des prêtres séculiers !

Qu'est-ce que ces prêtres qui habitent la propriété de tel ou tel citoyen, et sont appelés par l'évêque du lieu à instruire ses séminaristes, sont autorisés par la loi commune à recevoir des pensionnaires ? des prêtres diocésains ?

Il ne reste que Mont-Rouge : et que fait-on à Mont-Rouge ? Faudra-t-il que la police s'y introduise, ou que le serment soit déféré ? Faudra-t-il compulser la correspondance, suivre les exercices, peser la nourriture, marquer les heures du sommeil ; car jusque-là, la loi ne sait rien.

Vous vous êtes mis en règle : avec la terre

comme avec le ciel, il est des accommode mens
Et Mont-Rouge est fouillé, est traqué ; ses hôtes
ont vidé les lieux. Enfin, cette milice que dirigent
deux apôtres de charité, deux ermites de sainteté
(les pères Ronsin et Barat), est mise en déroute.

Mais vous n'expulsez pas comme les parlemens,
vous ne tuez pas comme la révolution. La com-
pagnie de perdrix qu'a dispersée un coup de fusil
n'est-elle pas douée d'un sûr instinct pour se réu-
nir le soir même en un gîte nouveau. Ce sera à
recommencer sans cesse.

Dieu garde de le nier. Il existe des partis poli-
tiques qu'on est en droit, qu'on est en devoir de
combattre ; car leur triomphe serait un désastre.
Combattez donc : seulement que ce soit face à
face, que ce soit corps à corps.

Quelque parti peut-être aura saisi et promène
la bannière des Jésuites ; il en fait son enseigne :
visez droit au parti. La bannière serait renversée
et foulée aux pieds ; peu lui importe : il n'est pas
blessé par sa chute ; il ne manquera pas d'une
autre enseigne.

Et vainement vous aurez affligé des pères de
familles, troublé les ames dévotes, ébranlé les
croyances religieuses ; follement vous aurez aliéné
de vous une masse recommandable et puissante
vous l'aurez, en dépit de ses vœux, repoussée

rejetée dans les rangs du parti dont tout est à craindre.

Passons à l'autre monstre.

Haine aux Anglais ! la guerre aux Anglais ! la mort aux Anglais ! C'est trop juste. Cette nation, reléguée dans une île, ne cesse de narguer le continent. Si près de nous, en face de nous, elle pousse l'impudence jusqu'à faire corps, à garder l'aplomb, à marcher droit à ses fins : on croirait qu'elle nous fait la leçon.

Je n'ai fait que passer, ils n'étaient déja plus.

Et soudain le dos de la plaine liquide ne s'abaisse plus que sous le sillage de nos vaisseaux ; car le Sund et le Bosphore fermeut toute issue aux marins de la Russie, et les Etats-Unis n'oseront jamais se hasarder en pleine mer.

Soudain les usines et fabriques jaillissent de source ou tombent des nues sur le sol de France, et sont douées du monopole des marchés ; car il n'y a point d'Allemagne sauf sur la carte, car il n'y aura jamais d'Amérique qu'en rêve.

Soudain nos blés et nos vins, nos laines et nos fils, s'élèvent hors de prix ; car dans tout l'univers, les cœurs épanouis et reconnaissans consomment au moins en double proportion, et ne consomment que des produits du royaume.

Puis, sous le rapport de la politique, voilà que l'Espagne et le Portugal se jettent dans les bras l'un de l'autre, n'ayant plus de poignards dans la manche ; et se jettent aux pieds de la France, n'ayant plus à lui demander l'aumône.

Voilà que la Russie se met en pénitence, restituant la Pologne aux Polonais, battant en retraite devant les Turcs, faisant la sourde oreille aux Grecs, repoussant par grandeur d'ame la couronne du Bas-Empire.

Voilà que l'Autriche et la Prusse, ces empires découpés en étroites lanières, et composés d'élémens discordans, se rallient, se concentrent autour du trône, et, troquant leur vieille inimitié contre une alliance éternelle, opposent un mur d'airain aux irruptions du Nord.

Et quant à la France, qu'elle se glorifie, qu'elle se félicite. Au-delà du détroit, s'il n'y a plus d'Anglais, plus de radicaux, en-deçà du détroit, il n'y aura plus que des Français, que des royalistes.

Telles sont les destinées filées d'or et de soie que médite en faveur de la France, ce songe creux d'avenir, qui trompa tant de gens, mais qui ne nous trompe pas. Le triomphe de la France est enchaîné à la ruine de l'Angleterre ; les deux puissances jouent comme à la bascule : Honni soit qui en doute ; celui-là ne serait pas Français.

Déja les temps se sont mis à l'œuvre ; il faut leur prêter aide. Aussitôt que de cet écheveau encore embrouillé, quelque fil s'échappe par hasard, fût-il le plus mince, le plus fragile, il faut le saisir, le suivre, au moins tant qu'il ne casse. Peut-être est-ce le fil d'Ariane.

Qu'on ne cherche point d'autres causes au mouvement qui s'est opéré dans les esprits à l'occasion des évènemens du Portugal.

Peu leur importait que dona Maria fût la femme du roi don Miguel, ou que don Miguel fût le mari de la reine dona Maria : entre les deux termes du problème, il n'y avait moyen de faire option, la différence étant d'une valeur imperceptible.

Peu leur importait qu'il y eût une charte octroyée par le Roi en Portugal, car il y a en France une charte issue de la même origine ; car c'était assez qu'il existât une charte en Portugal, pour que l'Espagne répugnât d'autant plus aux institutions libres, tant est vive et profonde l'aversion mutuelle des deux peuples.

Mais l'occasion a semblé se présenter, d'irriter le Portugal contre l'Angleterre, d'arracher un de ses fleurons à la couronne britannique : on a cédé à la tentation ; et une fois lancé dans les voies les plus aventureuses, ne pouvant ou ne voulant pas rétrograder, il a fallu, après que la mémoire du cœur s'est débarrassée des actions de graces dues à l'Angleterre, pour avoir soutenu et rétabli l'empire de la légitimité, il a fallu en venir à discuter le dogme vital de la monarchie, à reconnaître en point de droit, la souveraineté du peuple, à conférer aux soldats le privilége de faire et défaire les rois.

Or, c'est surtout dans une brochure intitulée : *Un mot sur la crise du Portugal*, que se manifeste d'une manière éclatante cette confusion, cette discordance d'idées dont les hommes de mérite, par cela même que leur tête est plus forte, se trouvent d'autant plus victimes, alors qu'ils tombent à la merci des passions.

Et c'est surtout au moyen de son analyse qu'il serait possible, si quelque espoir s'attachait jamais aux conseils de la triste raison, de faire sentir comment ce fatal principe de haine et d'envie contre l'Angleterre, entraîne aux conséquences les plus funestes, aveugle sur les faits les plus simples, les plus évidens.

En remplissant cette tâche, la critique se croit en droit de s'exprimer sans aucun détour, n'ayant en vue que le texte de l'écrit, et faisant abstraction de la personne de l'auteur.

« Nous nous dispenserons de discuter le droit

qu'on attribue à don Pèdro, *comme souverain légitime*. Il n'appartient ni à la France ni à l'Angleterre d'en décider. Ce droit n'appartient qu'aux grands corps de l'Etat qui seuls sont compétens pour déclarer, quelles sont les lois fondamentales du royaume »

Les grands corps de l'Etat! Il faudrait les ressusciter; il faudrait rétrograder jusqu'en 1641. Deux siècles ne portent-ils pas la prescription, ou du moins l'incompatibilité? Et si leur puissance est restée en vigueur, est encore légitime, tout acte accompli depuis ces temps se voit frappé d'illégalité : la séparation du Brésil est nulle de droit; le Brésil demeure une province de l'Etat; don Pèdre ne règne point sur un trône étranger; don Pèdre est roi du Portugal.

Les lois fondamentales! Ici, il est enjoint de percer encore plus avant dans les dures entrailles du temps, de creuser jusqu'en l'année 1160, où se rencontre le premier filon de la légitimité : et qu'on ne perde pas un instant, qu'on se hâte pendant qu'il n'est encore recouvert que des couches déposées par sept siècles consécutifs.

« Le pouvoir du prince le plus légitime a des bornes posées par la justice et la raison; et lorsque le souverain s'efforce de les renverser, il faut croire qu'il a été trompé, ou entraîné par la violence et la crainte d'un danger plus prochain, que celui auquel sa témérité imprévoyante l'expose. »

La témérité imprévoyante ! Ce pléonasme semblera peut-être manquer aux lois de la politesse : On l'aurait épargné à un usurpateur : mais tout n'est-il pas permis, à l'égard *du prince le plus légitime,* pour peu que ce soit de la part d'un de ses loyaux et dévoués serviteurs? Et que de grace, que de charme en ce joli mot, *il faut croire qu'il a été trompé :* le prince ne sera point condamné, pas même déchu; l'intention l'absout; il y a désordre mental, et non délit légal.

Il nous sera révélé dans une seconde édition à qui le droit est dévolu, soit aux cortés ressuscitées, soit au peuple souverain, soit à l'armée délibérante, de proclamer comme article de foi, que le prince a été trompé.

« Don Pèdro avait-il quelque chose à refuser aux insistances de l'ambassadeur anglais ? N'est-il donc pas évident que cette constitution improvisée dans trois jours, est le résultat de la contrainte exercée par l'Angleterre ? »

Belle péroraison et digne de l'exorde ! Les premisses consistent en une supposition gratuite, et la conséquence aboutit à une supposition de même sorte.

Don Pèdre avait quelque chose à refuser, puisqu'il refuse depuis deux ans la médiation vis-à-vis de Buénos-Ayres ; l'Angleterre n'avait point de contrainte à exercer, car les motifs qu'on lui prête ne soutiennent pas le moindre examen.

« Pendant quinze ans l'Angleterre a travaillé à faire insurger l'Amérique méridionale. »

Or l'Amérique ne s'est émue que par suite de l'abdication de Charles, de l'usurpation de Joseph, de la captivité de Valançai ; l'Amérique s'insurgeait pour son roi et non contre son roi.

A la rentrée de Ferdinand et pendant plusieurs années, l'Amérique était prête à rentrer sous sa domination, si les conseils de la France et surtout de l'Angleterre, si les sentimens de reconnaissance et de justice, si la leçon de l'expérience et le cri de la nécessité avaient été capables d'en obtenir quelques concessions.

L'Amérique n'a été définitivement et irrévocablement perdue pour l'Espagne que par l'effet de la révolution de 1820, qu'on a oublié jusqu'à présent de porter en charge au compte de l'Angleterre.

« Dix mille anglais ont péri dans le Venezuela, avant l'expulsion de Morillo.... Un milliard de capitaux anglais fut engouffré dans les nouvelles républiques.... M. Canning les reconnut officiellement. »

Voilà des anachronismes : il y a huit ou dix

ans depuis l'expulsion, deux ou trois ans depuis les emprunts et la reconnaissance.

Voilà des exagérations : il faut réduire les dix mille hommes au quart peut-être, le milliard au tiers juste, valeur réelle, ( *Moniteur* du 7 septembre 1826. )

Mais avant la loi sur l'enrôlement sollicitée par l'Espagne en 1819, les anglais étaient libres de vendre leur sang à prix défendu ; mais de tous temps le banquier est libre de vider sa caisse aux mains du premier venu. Et certes il n'en a pas coûté à l'armée anglaise un seul fifre, au trésor anglais un seul patard ; quel sorcier que ce ministère anglais qui fait tout avec rien !

« En un mot, les trois quarts du milliard sont regardés comme perdus..., c'est dans ce déplorable état de chose que M. Canning a redoublé d'efforts pour obtenir l'émancipation. Dèpuis long-temps ce ministre était persuadé qu'elle serait d'un grand avantage pour la tranquillité intérieure des nouveaux Etats, dont dépendaient le sort du milliard si mal placé et le retour du commerce .., et de plus elle présentait la chance d'obtenir la possession de Carthagène et de Callao, soit en dépôt, soit par la connivence personnelle des deux gouverneurs. »

Tels sont les puissans motifs de M. Canning; d'abord l'espoir de retrouver le milliard dont *les trois quarts sont perdus ;* ensuite la chance de corrompre les gouverneurs de deux places, aussi coûteuses d'entretien qu'inutiles à posséder.

« Le roi Ferdinand refusa. C'est alors que M. Canning conçut le projet d'arracher par la terreur ce que son artificieuse éloquence n'avait pu lui faire obtenir.... M. Canning imagina d'introduire en Portugal une constitution qui ne serait au fait qu'une mine, dont il pourrait pousser les galeries souterraines jusqu'au centre de la monarchie espagnole, et la mêche à la main, menacer tous les jours l'Espagne d'une explosion. »

Cela fait tableau ! Au fond des galeries souterraines, on croit voir le nouvel Erostrate tenant la mêche à la main et prêt à mettre le feu aux poudres, non sans risque de se faire sauter lui-même.

« L'ambassadeur anglais, M. le chevalier Stuart, (sir Charles Stuart) arriva de Rio-Janeïro, *triomphant* avec la constitution tant désirée. »

On doit porter foi au récit ; sans doute l'auteur assistait au débarquement : c'est dommage qu'il se soit retiré trop vite et ne puisse nous rendre compte, si sir Charles Stuart partit de Lisbonne *triomphant*, lorsque les ministres anglais crurent devoir le rappeler de sa mission pour avoir convoyé cette charte à Lisbonne. C'est dommage qu'il ne puisse nous expliquer comment il se fait que ces ministres parlent presque dérisoirement de la constitution tant désirée. ( Discours d'un noble pair, *Quotidienne* du 27 décembre. )

« La constitution fut à peine connue, que des hommes considérables refusèrent d'en reconnaître la légitimité, et en appelèrent aux antiques lois du royaume; celles qu'avaient établies les fameuses cortès de Lamego. Mais bientôt leur voix fut étouffée..... La régente avait pour elle la nombreuse garnison de Lisbonne, avec les corps stationnés dans les environs, le trésor pour payer leur solde et gagner les officiers, tout le matériel de l'armée, *un vernis de légitimité* et l'effet moral de la présence de l'escadre anglaise. La partie était trop inégale; l'opposition fut forcée de céder, et se retira en Espagne, pour laisser à la masse de la nation portugaise le temps de se reconnaître, et d'apprécier la légitimité de la constitution.... Les Portugais ne pouvaient, en effet, pas tarder à s'apercevoir que, dans la situation où s'était mis don Pèdro, depuis sa révolte au Brésil et les sermens qu'il avait faits aux Brésiliens, il ne pouvait régner en même temps en Portugal; qu'il n'avait ainsi aucun droit à prescrire un autre ordre de succession, et qu'il n'appartenait qu'aux cortès, rassemblées dans les formes légales, de prononcer sur les prétentions de don Pèdro. »

La période est consacrée à donner l'exposition

du grand drame politique , ou du moins des deux premiers actes , qui sont légèrement esquissés d'un trait de plume , tandis que le dernier acte a débuté par des coups de canon, et doit, peut-être, avoir pour dénouement l'incendie de l'Europe entière.

Dans le premier acte, on voit apparaître en scène des hommes considérables qui nient la légitimité de la constitution et en appellent aux antiques lois de 1160 : mais le nombre de ces considérables ne forme apparemment qu'une fraction minime du total des considérables ; et ils sont forcés de se retirer du théâtre pour laisser à la nation le temps d'apprécier ladite légitimité.

Dans le second acte, les Portugais en masse , ainsi appelés à voter, se mettent à compulser les pièces du procès, et prononcent sommairement, souverainement, en premier lieu, que don Pèdre s'est mis en état de révolte au Brésil ; en second lieu, qu'il ne peut régner en même temps en Portugal, et qu'il n'a aucun droit à prescrire un autre ordre de succession.

C'est ainsi qu'après un certain temps révolu, et non sans quelques soins peut-être, la fraction des considérables et la masse de la nation se rencontrent dans la même opinion. On ne peut trop admirer avec quelle touchante confraternité elles partagent entre elles les fonctions du souverain et exercent en commun la toute-puissance parlementaire, telle que la possèdent, en Angleterre, les lords et les communes. Que le Ciel les bénisse ! S'il n'y a plus de rois, il y aura mieux peut-être.

Seulement il est un point qui embarrasse fort les gens à conception bornée. Le texte de la délibération dispose que don Pèdre ne peut régner en *même temps* sur les deux peuples, et qu'il n'a aucun droit à prescrire *un autre ordre* de succession. Mais don Pèdre ne veut pas régner en même temps en Brésil et en Portugal, puisqu'il abdique cette dernière couronne ; et don Pèdre ne prescrit point un autre ordre de succession, puisqu'il abdique en faveur de sa fille, laquelle, suivant les lois de Lamego, devait régner avant don Miguel, laquelle allait régner de plein droit, pour peu que don Pèdre fût mort avant don Jean.

On serait tenté de croire, d'après les règles syllogistiques posées par Aristote, qu'un arrêt porté à raison de tel ou tel cas, qui n'existe point dans l'espèce, est nul et de nul effet, qu'ainsi don Pèdre ne tombe point sous le coup de l'arrêt, et que la délibération des lords et des communes du Portugal se résout en la reconnaissance pure et simple du droit de don Pèdre à abdiquer, du droit de dona Maria à régner.

Quoi qu'il en soit, il n'est point affirmé dans la brochure que les desseins des insurgés portugais, en rentrant dans leur patrie, fussent d'exécuter en sa forme et teneur l'arrêt de déchéance de dona Maria, et d'élever incontinent sur le pavois le roi désigné, don Miguel. D'autres motifs paraissent les avoir inspirés; et qu'on n'aille pas en chercher d'une telle sorte dans l'histoire ancienne ou moderne; qu'on n'aille pas solliciter les imaginations les plus romantiques d'en inventer d'aussi purs, d'aussi délicats.

« Pendant les négociations, les émigrés portugais, voulant, par reconnaissance pour l'hospitalité qu'ils avaient reçue, contribuer, autant qu'il était en eux, à diminuer les embarras de l'Espagne, rentrèrent en Portugal, en faisant un appel général à leurs concitoyens. »

Ainsi les émigrés rentrent, non pour délivrer le Portugal de la charte, gardez-vous de le croire, mais pour délivrer l'Espagne de leur présence; c'est un beau dévouement, et si les embarras de l'Espagne sont augmentés d'autant; si, en retour de son hospitalité, leur démarche lui rapporte tous les fléaux de la guerre civile et étrangère; c'est bien mieux encore, c'est un dévouement aveugle. L'égoïsme y voit si clair : il est naturel que le dévouement n'y voie goûte.

Mais, pauvres têtes à bon sens, ne prenez pas peur; tout le monde est d'accord. Voyez plutôt les pairs qui quittent les planches, et les députés qui rentrent dans les coulisses : voyez les vignerons se croiser les bras, les marchands tenir porte close, et les marins croquer leur vermine. Tout cela se fera comme par enchantement, avec enchantement.

Et quant à ces Anglais, dont quelques-uns parlent encore, on ne comprend pas pourquoi, les cartes ont été tirées : l'auteur a daigné se charger de nous transmettre l'horoscope en ces termes :

« Les Portugais ne pouvaient pas tarder de pénétrer les vues secrètes de l'Angleterre. Les constitutionnels eux-mêmes *étaient trop bien instruits* de la situation intérieure de la Grande-Bretagne, pour se flatter que M. Canning soutiendrait la constitution avec une armée. »

Or, comme cela mène loin, d'être trop bien instruit !

Trop bien instruit que M. Canning a fabriqué la constitution, et par conséquent, qu'il ne la soutiendra pas;

Trop bien instruit que l'Angleterre reconnaîtra d'emblée don Miguel, ou violera la foi des traités vis-à-vis de doña Maria;

Trop bien instruit qu'elle est à la veille de faire faillite, et n'a pas le moyen d'expédier dix mille hommes à Lisbonne;

Trop bien instruit qu'elle ignore en quels parages gisent les colonies portugaises, ou qu'elle manque de vaisseaux de guerre pour aller recevoir leur serment d'allégeance;

Trop bien instruit qu'elle a le palais trop délicat pour prendre goût aux vins de Bordeaux, et laisser tourner en raisins secs, le *Porto-wine;*

Trop bien instruit que l'Espagne, magnanime en ses procédés, portera le plus profond respect au Portugal, aussitôt qu'il sera délivré de la garde des bouldogues d'Albion;

Trop bien instruit enfin que le Portugal, sur le penchant de sa ruine, sous le joug de sa rivale, n'aura jamais qu'un vœu, qu'un cri unanime contre l'épouse dona Maria, et pour l'époux don Miguel.

Dieu te garde, trop chère France, pays d'amour, patrie de douleur; Dieu te garde à jamais d'être trop bien instruite!

A. PIHAN DELAFOREST,

Imprimeur de M. le Dauphin et de la Cour de Cassation,
rue des Noyers, n° 37.

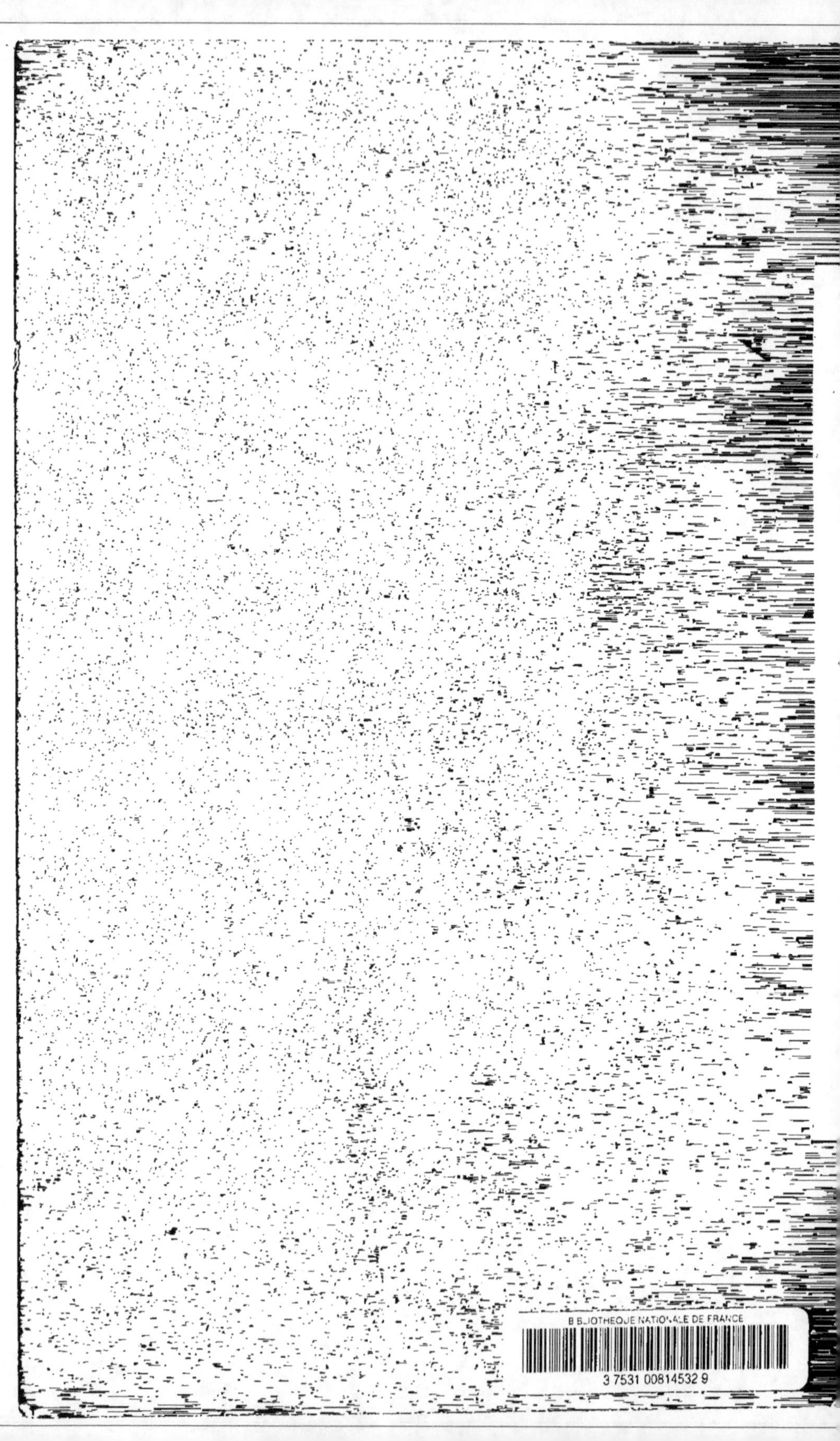
BIBLIOTHEQUE NATIONALE DE FRANCE

3 7531 00814532 9

www.ingramcontent.com/pod-product-compliance
Lightning Source LLC
Chambersburg PA
CBHW061608050726

47595CB00007B/2837